Herbert Fackler

Kann Karl von Moor Ihrer Meinung nach für einen heutigen jungen Menschen ein Vorbild sein?

Erörterung zu Friedrich Schillers Schauspiel „Die Räuber"

GRIN Verlag

Bibliografische Information der Deutschen Nationalbibliothek:

Die Deutsche Bibliothek verzeichnet diese Publikation in der Deutschen National-
bibliografie; detaillierte bibliografische Daten sind im Internet über http://dnb.d-
nb.de/ abrufbar.

Impressum:

Copyright © 2003 GRIN Verlag GmbH
Druck und Bindung: Books on Demand GmbH, Norderstedt Germany
ISBN: 978-3-656-61674-0

Dieses Buch bei GRIN:

http://www.grin.com/de/e-book/270225/kann-karl-von-moor-ihrer-meinung-nach-
fuer-einen-heutigen-jungen-menschen

Schuljahr 2003/2004
Klasse 11b
Hausaufgabe im Fach Deutsch,
Abgabetermin am 16.12.2003
5

                                                        Herbert Fackler

Thema zu Friedrich Schillers Schauspiel „Die Räuber"

10 Thema 3:
Kann Karl von Moor Ihrer Meinung nach für einen heutigen jungen Menschen ein
Vorbild sein? (Erörterung)

15
In seinem 1781 geschriebenen Schauspiel „Die Räuber" schildert Friedrich von
Schiller den Kampf des Grafen Karl von Moor gegen die Auswüchse des
absolutistischen Herrschaftssystems. Durch die Intrigen seines Bruders Franz
verliert Karl seinen Anspruch auf die Herrschaftsnachfolge und es ist ihm nicht
20 mehr möglich, seine Verlobte Amalia zu heiraten. In seiner Verzweiflung lässt er
sich zur Gründung einer Räuberbande hinreisen und versucht auf diesem Wege
die Welt gerechter und friedlicher zu machen. Dabei erregt Karl beim Zuschauer
durch sein selbstloses und uneigennütziges Handeln sehr viel Sympathie. Es
erhebt sich nun die Frage, ob Karl von Moor heutzutage für einen jungen
25 Menschen ein Vorbild sein kann.

Damit diese Frage geklärt werden kann, ist es zuerst erforderlich die
charakterlichen Eigenschaften des Karl von Moor näher zu erläutern.

30 Eine herausragende Eigenschaft Karls besteht darin, sein Räuberleben nicht aus
niederen Beweggründen zu führen, sondern für die Armen, Entrechteten und
gegen die Auswüchse des Absolutismus zu kämpfen, wodurch man Karl als sehr
edelmütig bezeichnen und mit „Robin Hood" vergleichen kann.
Der Einsatz für die Armen und Entrechteten zeigt sich besonders in der Tatsache,
35 dass er „ ...sein Drittteil an der Beute, das ihn von Rechts wegen trifft, [an
Waisenkinder] verschenkt... oder ... damit arme Jungen von Hoffnung studieren
[lässt]. „ (Seite 50, Zeile 25ff) Somit „mordet [er] nicht um des Raubes willen"
(Seite 50, Zeile 23), wie die anderen Räuber.

- 1 -

Ein weiteres Beispiel hierfür findet sich auf Seite 51, Zeile 16ff. Nachdem er den
40 Graf aus Regensburg und dessen Anwalt, die sich durch unrechtmäßige
Machenschaften um eine Million bereichert hatten und somit „ …die
Gerechtigkeit zur feilen Hure [gemacht hatten]" (Seite 51, Zeile 14), ermordet hat,
spricht er beispielsweise zu seinen Räuberkumpanen, während er sich stolz von
ihnen weg wendet: „Ich habe das Meine getan! ... das Plündern ist eure Sache."
45 Hier zeigt sich ganz deutlich, dass Karl nur gegen die Auswüchse des
Absolutismus kämpft und sich durch sein Räuberleben nicht selbst bereichern
will.

Sein edelmütiger Charakter und sein Engagement für die Armen zeigt sich zu
guter Letzt daran, dass Karl, wenn er sich am Schluss des Dramas der Justiz
50 stellen will, dies so arrangiert, dass ein armer Tagelöhner mit elf Kindern 1000
Louisdore als Belohnung für die Auslieferung Karls bekommt und somit sich und
seine Familie über Wasser halten kann (5. Akt, Ende der 2. Szene). Karl versucht
also sogar noch mit seinem Tod die Armen zu unterstützen.

55 Eine nicht minder wichtige Eigenschaft besteht darin, seine gegebenen
Versprechen und Treueschwüre nicht zu brechen, auch wenn ihm dies schwer fällt
und er dadurch Nachteile erleidet.
Dies offenbart sich besonders im 5.Akt, 2.Szene; Nachdem er seine Verlobte
Amalia wieder gefunden hat und festgestellt, dass sie ihn immer noch liebt, obwohl
60 er der Anführer eines Räubertrupps ist und viele Menschenleben auf dem
Gewissen hat, offenbart sich ihm die Chance aus dem Teufelskreis des
Räuberlebens herauszukommen, indem er seine Räuber verlässt und ein neues,
glückliches Leben mit Amalia beginnt. („ Sie vergibt mir, sie liebt mich! Rein bin
ich wie der Äther des Himmels, sie liebt mich. –Weinenden Dank dir, Erbarmer
65 im Himmel! Der Friede meiner Seele ist wiedergekommen, die Qual hat
ausgetobt, die Hölle ist nicht mehr." (Seite 117, Zeile 20ff)). Jedoch besinnt er
sich, wenn auch nur durch das Murren seiner Räuber, auf seine Treueschwüre, die
er bei der Gründung der Räuberbande (1.Akt, Ende der 3. Szene) und nach dem
Kampf gegen das böhmischen Reiterheer („Bei den Gebeinen meines Rollers! Ich
70 will euch niemals verlassen. (Seite 70, Zeile 27f)) gegeben hat und verlässt
Amalia, um bei seiner Bande bleiben zu können, ein weiteres Mal, dieses Mal für
aber für immer. (Es ist aus! – Ich wollte umkehren und zu meinem Vater gehn,

aber der im Himmel sprach, es soll nicht sein. Blöder Tor ich, warum wollt' ich es auch? Kann denn ein großer Sünder noch umkehren? Ein großer Sünder kann
75 nimmermehr umkehren, das hätt ich längst wissen können... Kommt Kameraden! (Seite 118, Zeile 11ff)).

Was des Weiteren auffällt, Karl von Moor verliert in schwierigen Situationen oft den Kopf und handelt leichtsinnig, ohne zu reflektieren, ob dies auch immer
80 richtig sein wird und ob seine Handlungen mit seinen Idealen wirklich konform sind.
Sein leichtsinniges Verhalten zeigt sich bereits bei der Gründung der Räuberbande im 1.Akt, 2.Szene. Durch die Intrigen seines Bruders Franz getäuscht, glaubt Karl, dass ihn sein Vater wegen seinem etwas zügellosen Leben verstoßen und
85 verdammt hat. Durch diese Verbannung ist es ihm nicht mehr möglich die Herrschaftsnachfolge anzutreten und seine Verlobte Amalia zu heiraten, da er ja jetzt faktisch heimatlos ist. Dies bringt ihn derart zur Verzweiflung und in Rage, dass er sich zur Gründung der Räuberbande hinreißen lässt. („ Menschen haben Menschheit vor mir verborgen, da ich an Menschheit appellierte, weg dann von
90 mir Sympathie und menschliche Schonung! - Ich habe keinen Vater mehr, ich habe keine Liebe mehr, und Blut und Tod soll mich vergessen lehren, dass mir jemals etwas teuer war! ... O ich will mir eine fürchterliche Zerstreuung machen - ... ich bin euer Hauptmann! (Seite 27, Zeile 31 ff)). Aus diesem Zitat wird zudem ersichtlich, dass Karl die Gründung auch als eine Art Rache für den Verlust seiner
95 Zukunft ansieht. Was Karl bei der Gründung noch nicht bedenkt, und wodurch obige These bestätigt wird, ist, dass er durch sein Räuberdasein durchaus schuldig werden könnte, auch wenn er sich für eine bessere Welt einsetzen will, und dass seine Bande nicht immer seinen Idealen folgen könnte. So ist er beispielsweise bei der Befreiung des Roller für den Tod von 83 unschuldigen Menschen
100 verantwortlich, als ein Pulverturm explodiert und die Menschen unter sich begräbt, da er die Brandstiftung befohlen hat, um Roller zu befreien. Er bemerkt jedoch erst später, dass „Roller ... teuer bezahlt [ist]" (Seite 55, Zeile 37) und ist bestürzt „ ...über den Kindermord! den Weibermord! – den Krankenmord!" (Seite 56, Zeile 33f), den seine Kumpanen während der Befreiung aus purer Lust am
105 Töten begangen haben (vgl. 2.Akt, 3.Szene).

Wie die Analyse des Charakters des Karl von Moor zeigt, ist Karl von Moor alles in allem doch ein im Herzen guter Mensch. Sein äußerst edelmütiger Charakter
110 sorgt beim Lesen des Stückes für sehr viel Sympathie und wurde von Schiller anscheinend als Vorbild für die damaligen Menschen entworfen. Kann Karl von Moor heutzutage aber immer noch ein Vorbild sein, vor allem für die jungen Menschen?

115 Karl von Moor besitzt beispielsweise in seinem selbstlosen und uneigennützigen Engagement für eine bessere Welt durchaus eine Vorbildfunktion für heutige junge Menschen.

So will Karl durch seinen Einsatz die Welt vor allem von der Willkür der absolutistischen Herrscher befreien, die das Volk ausbeuten und unterdrücken.
120 Durch diese Willkür herrscht keine Gerechtigkeit mehr, da die Herrscher nur auf ihren eigenen Vorteil bedacht sind und dabei alle Tricks und Mittel einsetzen, die sie kennen, wie dies beispielsweise der Graf von Regensburg getan hat oder all die anderen Opfer Karl von Moors (vgl. 2.Akt, 3. Szene [Streitgespräch mit dem Pater]). Die Untertanen leiden sehr unter dieser Willkürherrschaft („... Bauern
125 wie das Vieh abschindet..."(Seite 50, Zeile 28f)). Gegen diesen Missstand versucht Karl von Moor sich aufzuwenden.

Ein junger Mensch, der Karls Engagement zum Vorbild nimmt, und sich wie Karl für die Gerechtigkeit sowie für die Schwächeren in unserer Gesellschaft einsetzt, indem er sich beispielsweise in der Klasse für ausländische Mitschüler stark
130 macht, oder für solche, die unter dem Mobbing der anderen Klassenkameraden leiden und diese unterstützt, hat so zum besseren Miteinanderleben innerhalb der Gesellschaft beigetragen und in Karl von Moors Sinne gehandelt.

Karl ist für heutige junge Menschen auch ein Vorbild in der Tatsache, dass er
135 bereit ist, sein Fehlverhalten zu erkennen, einzugestehen und zu versuchen, es wieder gutzumachen, indem er sich selbst der Justiz ausliefert und nebenbei noch jenen bereits erwähnten Tagelöhner unterstützt.

So „...wähnete [ich] die Welt durch Gräuel zu verschönern und die Gesetzte durch Gesetzlosigkeit aufrecht zu halten! Ich nannte es Rache und Recht- ich
140 maßte mich an, o Vorsicht, die Scharten deines Schwerts auszuwetzen und deine

Parteilichkeit gutzumachen- aber- o eitle Kinderei- da steh ich am Rand eines entsetzlichen Lebens und erfahre nun mit Zähneklappern, und Heulen, dass zwei Menschen wie ich den ganzen Bau der sittlichen Welt zugrund richten würden." (Seite 119, Zeile 41 ff). Und er muss erkennen, dass „ ... verdorben [bleibt], was 145 verdorben ist. (Seite 120, Zeile 10).

Vor allem durch das vorletzte Zitat wird deutlich, dass ihm selbst bewusst wird, dass sein Verhalten im Grunde verbrecherisch und kriminell war, und dass er durch sein Räuberleben die Welt nicht verbessern kann.

Für einen jungen Menschen, den dieses Verhalten animiert, kann dies nur von 150 Vorteil sein. Natürlich wird es nur wenige junge Leute geben, die sich des Mordes schuldig gemacht haben, aber wenn man sich beispielsweise bei einem guten Freund wegen eines Streits entschuldigt, so sind die Chancen auf Frieden und Versöhnung sehr groß, man fühlt sich danach erleichtert und das Leben ist wieder angenehmer. Beharrt man aber auf seinem Standpunkt, obwohl man weiß, dass 155 man selbst im Unrecht ist, so werden die Grenzen verhärtet bleiben und es besteht keine Möglichkeit Frieden zu schließen.

Es gibt aber auch eine ganze Reihe von Argumenten, die Belegen, dass Karl von Moor kein Vorbild für heutige junge Menschen ist.

160

Karl versucht zwar die Welt zu verändern, jedoch kann die Art und Weise, wie er dies versucht auf keinen Fall als Vorbild für einen jungen Menschen dienen, da dies zur Anarchie im Staat führen würde.

Karl von Moor versucht seine Ideale von einer besseren Welt durchzusetzen, 165 indem er die Gewalt, die ihm durch die Intrigen seines Bruders zu Teil wurde, und mit der die anderen absolutistischen Herrscher versuchen sich zu behaupten, mit Gegengewalt beantwortet, indem er beispielsweise, wie bereits geschildert, den Grafen aus Regensburg tötet oder Roller auf einem gewaltsamen Wege befreit, indem er den Pulverturm der Stadt explodieren lässt. Diese Gewalt fordert zum 170 einen unschuldige Opfer, zum anderen provoziert sie wiederum Gewalt, indem das Reiterheer versucht Karl von Moor und seine Bande zu eliminieren, was erneut zu über 300 toten Menschen führt. Dabei wird jedes Mal das Gesetz übertreten, was zur Anarchie im Staat führt, da jeder sich in der Selbstjustiz

versucht und sich nicht weiter um die Gesetze beziehungsweise die staatlichen
175 Organe der Justiz kümmert.

Versucht also ein junger Mensch genau wie Moor mit Gewalt die Welt zu
verändern, so gerät auch er mit der Zeit, wie Moor, in eine Spirale der Gewalt,
bei der er selbst schuldig werden wird.

Ein gutes Beispiel hierfür findet sich fast täglich in den Nachrichten. Auch in
180 Israel bzw. Palästina versuchen junge Menschen, ähnlich wie Karl, für eine
vermeintlich „gute Sache", nämlich die Befreiung der Palästinensergebiete von
den Israeliten, zu kämpfen, indem sie diese mit Selbstmordattentaten zu
terrorisieren versuchen, was nur dazu führt, dass sich die Fronten weiter verhärten
und diese Gewalt mit Militäraktionen beantwortet wird. Die oft jungen Menschen,
185 die diese Anschläge ausführen, machen sich dabei für den Tod der unschuldigen
Opfer schuldig und die Aussicht auf eine friedliche Lösung des Konflikts wird,
wie in den Medien geschildert, mit jedem Anschlag geringer.

Des Weiteren kann die unerschütterliche Treue im Bezug auf seine Räuberbande
190 nicht als Vorbild für heutige junge Menschen dienen.

Seine Räuber „morden um des Raubes willen" und töten aus purer Lust, was
beispielsweise die Tatsache zeigt, dass Schufterle ein Baby in die Flammen der
Stadt wirft (2.Akt, 3. Szene). Obwohl Karl von Moor diese Tat verurteilt und
weiß, dass diese Taten sich nicht mit seinen Idealen vereinbaren lassen, ja sogar
195 sein Engagement für eine bessere Welt wieder zu Nichte machen („Wie beugt
mich diese Tat! Sie hat meine schönsten Werke vergiftet…"(Seite 56, Zeile 34f)),
löst er sich nicht von der Bande, sondern schwört nach dem Kampf mit dem
Reiterheer nochmals die Treue. Dies ist unverantwortlich, angesichts der
Tatsache, welche Verbrechen seine Kumpane schon begangen haben und
200 wahrscheinlich noch begehen werden. Im Hinblick auf dieses Wissen sollte sich
für Karl von Moor die Frage stellen, ob es nicht besser wäre, diese verbrecherisch
tätigen Menschen zu verlassen.

Nimmt sich ein junger Mensch nun Karls Verhalten in dieser Beziehung als
Vorbild, und verlässt beispielshalber eine Jugendbande, die, wie es oft aus den
205 Medien zu erfahren ist, verbrecherisch tätig ist und Diebstähle begeht, nicht,
obwohl er weiß, dass dieses Verhalten nicht korrekt ist, so macht auch er sich, wie
Karl, weiterhin schuldig und riskiert z.B. Konflikte mit der Polizei.

Zusammenfassend kann ich persönlich sagen, dass die charakterlichen
210 Eigenschaften des Räubers Karl von Moor alles in allem doch als Vorbild dienen
können.

Dies begründet sich vor allem in der Tatsache, dass er nicht aus Habgier zum
Räuber wird, sondern die Welt verbessern will, indem er beispielsweise den
armen Kindern zu einem Studium verhilft, oder dem Tagelöhner zu seinem
215 Lebensunterhalt.

Im Wissen, dass das Räuberleben nicht angenehm ist, zwingt er niemanden, sich
seiner Bande anzuschließen, ja er versucht sogar neue Mitglieder vom Beitritt
abzuhalten, wie beispielsweise den Edelmann Kosinsky(„ Besinne dich recht,
mein Sohn! Denk, ich rate dir als ein Vater –lern erst die Tiefe des Abgrunds
220 kennen, eh du hineinspringst! Wenn du noch in der Welt eine einzige Freude zu
erhaschen weißt –es könnten Augenblicke kommen, wo du –aufwachst –und dann
–möcht es zu spät sein. Du trittst hier gleichsam aus dem Kreise der
Menschheit…“ (Seite73, Zeile 1ff)). Dies muss ihm hoch angerechnet werden und
trägt bei mir dazu bei, Karl als Vorbild zu betrachtet, da er, wie gesehen, niemand
225 zu Straftaten zwingt und damit ins Verderben stößt.

Außerdem überzeugt mich seine Eigenschaft, seine Fehler einzugestehen und sich
dafür zu verantworten.

Abschließend sei noch folgender Gedanke kurz angemerkt. Ich denke, Vorbilder
230 finden sich nicht nur in literarischen Texten, sondern finden sich vor allem mitten
unter unseren Mitmenschen, in unserer Gesellschaft, man denke nur einmal an die
von vielen Ehrenamtlichen geleisteten Stunden, um beispielsweise Behinderte
oder alte Menschen zu unterstützen.

235

240

245 Gliederung:

A: Karl von Moor als sehr edelmütiger Charakter dargestellt

B: Karl von Moor ein Vorbild für heutige junge Menschen?
250
    I.   charakterliche Darstellung des Karl von Moor

              1. uneigennütziges, selbstloses Engagement für Arme, Entrechtete und
                 gegen den Absolutismus
255
                      a) Abgabe seines Beuteanteils an Bedürftige
                      b) Ermordung eines absolutistischen Grafen
                      c) Unterstützung eines Tagelöhners

              2. absolute Treue im Bezug auf gegebene Versprechen, Treueschwüre
260
                 und seinen Kumpanen gegenüber

              3. in schwierigen Situationen unüberlegtes und leichtsinniges
                 Verhalten ohne an die Folgen zu denken

265
                      a) Gründung der Räuberbande aus Verzweiflung und Rage
                      b) Befreiung des Roller

    II.   Karl von Moor als positives Vorbild für junge Menschen

270
              1. uneigennütziges, selbstloses Engagement für eine bessere Welt
              2. Eingestehung von Fehlverhalten, Wille zur Wiedergutmachung

    III.   Karl von Moor als negatives Vorbild für junge Menschen

275
              1. die Bekämpfung der Gewalt mit Gegengewalt führt zur Anarchie
              2. Treue zu seiner Bande, obwohl diese aus niederen Beweggründen
                 und aus Lust am Töten handelt

    IV.   Karl kann als Vorbild dienen
280
              1. Karls Einsatz für die Schwächern in der Gesellschaft
              2. zwingt niemanden zum Räuberdasein
              3. Eingestehen von Fehlern

285 C: Menschen in unserer Gesellschaft können auch Vorbilder sein

290

Verwendete Literatur:

„ Die Räuber" – Verlag: Hamburger Lesehefte Verlag; 48. Heft